Círculo Rojo

La doble vida de un calcetín

La doble vida de un calcetín

Isabel García Carreño

Círculo Rojo
EDITORIAL

Primera edición: enero 2024

Depósito legal: AL 3593-2023

ISBN: 978-84-1199-948-9

Impresión y producción: Editorial Círculo Rojo

© Del texto: Isabel García Carreño
© Ilustaciones: Ana Tejedor, Círculo Rojo
© Maquetación y diseño: Equipo de Editorial Círculo Rojo

Editorial Círculo Rojo

www.editorialcirculorojo.com

info@editorialcirculorojo.com

Impreso en España - Printed in Spain

El papel utilizado para imprimir este libro es 100% libre de cloro y, por tanto, ecológico.

AGRADECIMIENTOS

Con esta bonita historia basada en la unión y la amistad, hago realidad un sueño y comienza un nuevo bagaje a través de la escritura.

A todas las personas que, como a mí, nos fascina escribir, sabemos que ver la culminación de la obra produce una satisfacción personal, que se refleja también en los que nos rodean y viven con intensidad esa ilusión.

Entre ellos, el protagonista de mi vida, mi hijo Álvaro.

Él, sin saberlo, me ha dado el empujón final para la consecución de este cuento.

Álvaro tiene catorce años y se le da muy bien eso de inventar historias. Por ello, quiero que entienda la importancia de concluir aquello que, como a mí, nos nace no solo de la imaginación, sino también del corazón.

Me siento muy agradecida por el impulso y la fuerza recibida desde su existencia.

Por otro lado, quiero agradecer a las personas que me rodean, familiares y amigos. En especial, a aquellos que te cogen de la mano en momentos difíciles y te hacen sonreír.

Todas esas vivencias dan luz a los personajes, son el engranaje perfecto que pone en marcha la inspiración y me transportan al maravilloso mundo que se refleja en la historia, al mundo de la amistad. No olvidemos que la familia no se elige, pero los amigos sí.

Por todos ellos, ¡gracias por hacer que mi sueño se haga realidad!

Gracias.

ÍNDICE

Antes de empezar, voy a presentarme; así me conoceréis mejor. Mi nombre es Pímpolo y soy un calcetín, pero no un calcetín cualquiera. Mis hilos están confeccionados con tejidos importados de tierras indias. Allí, mis antepasados eran aristócratas, y su ocupación consistía en abrigar los pies apestosos del rey Farumet. Hasta aquí, todo bien. El problema vino cuando yo, descendiente de dicha jerarquía, debía asumir el papel de prenda de alta costura, como lo hizo mi hermano gemelo, un tipo resuelto y elegante donde los haya. Pero eso para mí no era nada interesante, por eso decidí emprender un largo viaje.

Un día antes de empezar mi aventura, se me pasó por la cabeza la idea de desprenderme de los dedos; por lo menos sería un famoso calentador, siempre rodeado de bailarinas, de música y deporte. Iría de aquí para allá, pero pensé que sería demasiado duro, ya que tendría que aguantar mucha presión y el equilibrio y dar miles de vueltas, así que, como soy realista y un poco patoso, renuncié a la idea y decidí pasar a la acción. Aproveché la brisa de la mañana y me solté de la dichosa pinza que me aplastaba la nariz. Rodé y rodé hasta caer en el lomo de un sapo turulato que cantaba sin parar:

—Croac, croac, croac. *I was born in the jungle.*

—¿Naciste en la jungla? ¡Qué interesante!

¡Pero si yo no sé inglés! El caso es que lo entendía perfectamente, debe ser mi casta pija la que me permite hablar este y otros idiomas.

El sapo saltaba y saltaba y saltaba y volvía a saltar, hasta que de repente llegamos a un lugar precioso. Era un jardín, donde en las cuerdas del tendedero (lugar en el que siempre me fijo por deformación profesional) ondeaban unas medias de altura. Eran las medias más elegantes que había conocido nunca. También eran gemelas y tenían dos carreras. Ellas nos acogieron y me invitaron a un baño para prendas delicadas, con burbujas y suavizante, pero sin centrifugado. Les expliqué mi hazaña y les comenté que quería seguir viajando hasta encontrar mi verdadero destino. Entonces me hablaron de Mery, quien cuidaba con esmero de las medias y de otras muchas prendas.

Mery tiene unos pies de escándalo, os lo dice un experto en ellos, sin callos ni durezas. En fin, que con ella quizás yo también sería feliz. Pero, claro, sin mi hermano ¿Para qué iba a querer Mery un solo calcetín?

Después de mucho meditar y convencido de que tendría que irme, las chicas tuvieron una idea magnífica. Cogieron unas tijeras, aguja e hilo, y con mucho cuidado, un corte por aquí, otro por allá, unas puntaditas por arriba y otras por abajo, terminé siendo la envidia de todo calcetín maloliente.

¿A que no sabéis en qué me convirtieron? Pues en una práctica y moderna funda de móvil, con cierre de seguridad incluido. ¡No sabéis lo que ha cambiado mi vida! Ahora me siento útil y a gusto con mi nuevo trabajo.

Además, Mery está encantada conmigo, no hay un momento del día en el que no me tenga a su lado, y con el señor Nokio (el móvil) me llevo de maravilla. ¡Qué suavidad y delicadeza! Claro que, ahora que no nos oye, os diré que es un poco pesado, siempre con sus melodías y mensajes, y cuando le da por vibrar ya ni os cuento; pero, desde luego, ha merecido la pena el cambio. Ahora me siento feliz.

Aunque lo mejor de todo no fue únicamente llegar a ser una funda de móvil, sino el haber podido ayudar a todos mis amigos, igual que ellos me ayudaron a mí. Por eso no perdáis el hilo del siguiente capítulo, donde encontraréis la fantástica historia de Jambo. ¿Que quién es Jambo? Seguid con atención la lectura de nuestra aventura en África y lo conoceréis; así podréis entender que a veces las cosas no son lo que parecen.

EL SEÑOR DE LOS SAPILLOS

El día que conocí al sapo, no pude imaginar la intensa vida que se escondía tras ese aspecto reposado y tranquilo. Saltaba y saltaba, saltaba y volvía a saltar, y mi querido amigo el sapo turulato, no tan turulato como yo pensaba, me contó una fantástica historia a la vez que triste acerca de su vida y su país, y de la que acabé formando parte.

—*My name is Jumbo, and I was born in the jungle* —cantaba.

—¿De verdad naciste en la jungla? —pregunté.

Él me miró con sus grandes ojos saltones, en los que se mecía una lágrima.

—Sí. Nací en la jungla, a orillas de una pequeña charca en la que jugaba descalzo a cazar ranas acompañado de mis hermanos y primos.

—¿Descalzo? —pregunté.

—Nunca he visto un sapo con zapatos, pero ¿qué voy a decir yo, un calcetín en busca de aventuras?

Mientras me hablaba con añoranza de su pasado en África, me di cuenta de que su sabiduría era extraordinaria.

—¿Y tú cómo te llamas, amigo calcetín?

—Soy Pímpolo. Acabo de iniciar un viaje para encontrar mi verdadero yo, pues no me siento a gusto con mi destino de calcetín.

—Entonces, ¡ya estamos tardando! —me dijo—. Yo te ayudaré a buscar en tu pasado para encontrar tu futuro, pero, amigo, te recomiendo que vivas el presente.

Le di las gracias por el consejo y nos fuimos dando saltitos y hablando de nuestras cosas hasta que de repente se paró y me dijo:

—Pímpolo, yo no he sido siempre un sapo.

—¿Ah, no? ¿Y qué has sido? —pregunté.

—Un príncipe.

—¡Ah, bueno! Pues bienvenido al club, yo también lo soy —le dije sonriendo.

En realidad, mi madre es la reina de la tribu de los muláis en África, y yo, príncipe y futuro heredero de mi pueblo, en el que, gracias al esfuerzo y trabajo de todos, hombres y mujeres, y a la sabiduría de los ancianos, vivimos de forma próspera y pacífica, respetando la naturaleza, verdadera diosa de todos los habitantes de la tierra.

Pero un día una malvada hechicera que quería apoderarse de nuestras tierras empleó un conjuro contra nosotros, que nos transformó en sapos y ranas. Mi familia sigue en la charca, pero yo no podía dejar esto así, es mi pueblo y mi responsabilidad, por lo que me lancé en busca de ayuda hacia otros mundos. Saltando, llegué a un barco que me trajo hasta aquí. De eso hace ya más de un año, pero nadie ha querido ayudarme, pues nadie me ha creído, y ser un sapo no facilita las cosas.

—¡Pues yo sí te voy a ayudar!

—¿Sabes cómo podemos deshacer el conjuro? —pregunté.

—No; bueno, sí, pero necesito una chica valiente a la que no le repugnen los sapos y quiera… besarme.

—¡De verdad! Pensaba que eso solo pasaba en los cuentos.

—En fin, yo no soy una chica, pero te voy a dar un beso y a ver qué pasa. ¡Muacccccc! ¿Qué tal te encuentras? ¿Sientes algo especial?

—¡Je, je, je, je, je, je!

Se le escapó una sonrisa. No podía parar de reír y yo tampoco. Así nos pasamos un buen rato.

—Amigo, no ha funcionado, el conjuro no se ha deshecho, pero hacía tanto que no me reía que solo por eso ha merecido la pena. No sabes cuánto te agradezco este momento.

Seguimos nuestro camino y, sin darnos cuenta, lle-gamos a un pequeño jardín, con una bonita piscina, en la que decidimos reponer fuerzas y descansar.

A lo lejos, tendidas en una cuerda ondeaban las medias, que, como ya os conté, eran gemelas y te-nían dos carreras. Pasé la tarde con ellas, mientras que Jambo aprovechó para darse un chapuzón en la piscina. Les conté nuestras historias y queda-ron muy impresionadas.

Tras pasar unos días, nos disponíamos a partir, cuando las medias nos dijeron:

—No os vayáis, nosotras aquí vivimos con Mery, una simpática humana que podría ser la princesa del sapo. Solo hay un pequeño problema Dado que no podemos comunicarnos con los humanos, pues ellos no entienden nuestro idioma, va a ser un poco difícil que Mery le dé un beso a Jambo; ade-más, es bastante propensa a los desmayos, y no quiero ni pensar qué podría pasar si supiera que te-nemos vida propia.

Nos dispusimos a trazar un plan para que nuestra humana besara a Jambo, pero, por más que discu-timos la forma en que ella se encontraría con él, no hallábamos un buen final. Tras unas cuantas ideas, Jambo decidió subir al comedor mientras Mery echaba la siesta. Al señor Nokio no le pareció una buena idea, pero el sapo no vio otra salida para liberar a su pueblo de la malvada bruja.

Efectivamente, fue un verdadero desastre. En cuanto Mery se vio frente al asustado animal, un desgarrador grito sobrepasó la casa y el jardín. Alcanzó a lanzarle revistas, cojines y todo lo que tenía a mano, y entonces se desmayó. Jambo acertó a salir de allí lo más rápido que le daban sus patitas y angustiado se echó a llorar.

El señor Nokio, con su mal genio, dijo:

—¡Al final todo tengo que hacerlo yo!

Marcó el teléfono de Cintia, la hermana de nuestra futura princesa. Después colgó para que así la chica volviera a llamar y, ¡bingo!, así fue. Rápidamente se puso a vibrar y a cantar como un loco a todo volumen, hasta que Mery se despertó, cogió el teléfono y habló con su hermana, contándole todavía asustada lo que había ocurrido.

Cintia se presentó en casa al poco rato. Se sentaron en la piscina, donde tras unas ramas se escondía el sapo, que dando saltitos seguía a una mosca que deambulaba por allí.

—Míralo —dijo Mery—. Allí está, ¿lo ves? ¡Qué asco!

Cintia sonrió y le dijo:

—¡Qué exagerada eres! Pero si es una monada. ¿Tú no sabes que los sapos tienen una función primordial en el ciclo de la vida?

—¿Ah, síííí? ¿Y cuál es, chula?

—Ellos regulan las plagas, ya que comen gran cantidad de moscas, mosquitos y otros insectos que viven en las charcas, lugar en el que reposan; por eso ha decidido quedarse. El pobre ha confundido la piscina con su charca; además, son muy pacíficos. Podrías dejarlo vivir aquí, así siempre tendrás el jardín limpio.

Mery miró a su hermana con la cara desencajada y, tras un rato sin articular palabra, le dijo:

—Tienes razón, hermanita, me has dejado sin argumentos. No sé cómo haces para ver siempre el lado positivo de las cosas. Mirándolo bien, la verdad es que tiene unos ojos muy resultones, y en su mirada se refleja un brillo especial, como si quisiera decirme algo. ¡Je, je! —sonrió Cintia.

—A lo mejor es un apuesto príncipe que viene de otro país buscando una bonita princesa que lo bese y así recuperar su aspecto humano, ¡je, je, je!

Casi nos desmayamos al escucharlo.

—Ya —dijo Mery con ironía—. Y este calcetín que ha aparecido no sé de dónde en mi jardín está haciendo un viaje en busca de aventuras, ¿no?

El comentario nos dejó a todos perplejos y yo solo acerté a disimular silbando y mirando hacia el cielo.

—Son listas estas humanas —dijo el señor Nokio.

Cintia se despidió de su hermana y se marchó, mientras que Mery se quedó sentada en la piscina observando al sapo, que, empecinado en comerse la mosca, no se dio cuenta de que estaba justo al lado de ella.

—Perdóname, sapito, no quería asustarte ni hacerte daño.

Jambo se tragó la mosca de un bocado y a punto estuvo de ahogarse al notar que Mery le acariciaba el lomo. Tembloroso pero decidido, dio un salto y se posó en su mano. A Mery la sobrecogió un escalofrío al notar la piel húmeda y rugosa de Jambo.

—Puedes quedarte todo el tiempo que quieras en mi jardín —le dijo mirándole a los ojos.

Poco a poco lo fue acercando a su cara, sonrió y, con un pequeño tembleque que le recorría el cuerpo, dijo:

—Conque un príncipe, ¿no? Pues, por si acaso, muacccc.

No podíamos creer que aquello estuviera pasando. Mery acababa de besar a Jambo, que cayó al suelo y del que empezaron a salir muchos colores que difuminaban una silueta cada vez más grande. Después se escuchó un estruendo que duró unos segundos, momento en el que desapareció el sapo, y tras unas ráfagas de humo apareció un joven que trataba de ponerse de pie. Mery no daba crédito a lo que estaba presenciando.

—Croac, croac —dijo un par de veces, hasta que, como una bonita melodía, su voz emergió y en un perfecto español dijo—: ¿Dónde estoy? ¿Qué ha pasado?

Como no podía ser de otra forma, Mery se desvaneció, cayendo sobre la hierba. Nos acercamos a ella para interesarnos por su salud y, como estaba bien, aprovechamos el momento para hablar con Jambo, que, como imaginábamos, estaba mejor que bien. Nos abrazó, nos besó y empezó a correr de aquí para allá. Era un apuesto joven moreno, con un bonito tono café y grandes ojos negros enmarcados en una perfecta línea oscura, ¡y que no vestía absolutamente nada! Tomó prestados unos vaqueros tendidos en las cuerdas, justo a tiempo antes de que Mery despertara.

Entonces ella preguntó:

—¿Y tú quién eres?

Jambo habló serenamente con Mery, que no podía dejar de mirarlo, explicándole su aventura, mientras a esta le iba cambiando por momentos el rostro del asombro a la incredulidad. A Mery no le salían las palabras, ambos se quedaron callados y Jambo miró al cielo con aire melancólico diciendo:

—Tengo que volver y luchar contra la malvada hechicera para salvar a los míos, pero no sé cómo hacerlo.

Yo le guiñé un ojo de complicidad, pues sabía bien cómo y quién le podía ayudar, pero no podía decirle nada porque estaba Mery delante. Ella sonrió más serena de lo que todos esperábamos y añadió:

—No te preocupes, como bien te dije antes, puedes quedarte aquí. Lo primero que necesitas es dinero para comprar un pasaje y volver, así que haremos un trato: tú limpias la piscina y adecentas el jardín, y yo te pago por el trabajo.

«¡Estupendo! —pensé—. Así tendremos tiempo de avisar a Pimpolín, mi hermano gemelo. Él sabrá cómo ayudarlo».

Cuando Mery se marchó, le conté todo a Jambo que nos entendía perfectamente aunque él ya era humano, y eso era un gran aliado para todos.

Decidido. ¡Nos marchamos a África! Pero antes haremos una pequeña parada en casa de mis padres y reuniremos tropas para luchar contra la bruja y así poder recuperar a la familia de Jambo.

UNA PRINCESA DESPISTADA

Ni en mis mejores sueños habría imaginado un viaje tan lleno de amigos y aventuras. Solo llevaba unos días fuera y ya me habían pasado un montón de cosas. Lo que no sabía era todo lo que aún me quedaba por vivir, y esto jamás habría ocurrido quedándome en palacio, mi hogar.

Pero, siendo sincero, echaba de menos a mi familia. Me sentía un poco nervioso por el reencuentro, estaba ansioso por volver a verlos. Los nervios se debían a un insignificante detalle, y es que ya no era un calcetín, sino una fabulosa y práctica funda de móvil, compañera inseparable de mi buen amigo, el señor Nokio, que Mery había regalado a Jambo, puesto que ella se había pasado al 3D y ostentaba una moderna PDA que, gracias a su tecnología, fue también parte importante en nuestra aventura en África, ya que era compatible con *smartphones*, *tablets* y demás cibercacharros que no sé ni para lo que sirven.

En este caso no sabía cómo iban a reaccionar mi padre y mi hermano Pimpolín, duchos guerreros de nuestra pequeña corte. Lo que sí tenía claro es que mi madre me acogería con los brazos abiertos y, como siempre, sabría camelarse a mis resabios parientes.

Llegó el día de nuestra partida y, al salir el sol, nos enfundamos en el pequeño bolso de viaje de Jambo, que, triste ante la separación de Mery, con la que había hecho muy buenas migas, fue a despedirse de ella, pero esta también había hecho su equipaje y le dijo:

—¿No pensarás que voy a dejarte marchar? ¿Qué pretendes? ¿Que me tire el resto de los días dándoles besos a todos los sapos que encuentre en mi camino? No, guapo, esto solo pasa una vez en la vida, y me ha ocurrido a mí, así que este sapito es mío —dijo guiñándole un ojo.

Jambo empezó a ponerse muy rojo y, sonriendo, le dio un gran abrazo, de esos que recargan la energía. ¡Ooooooooh! Estábamos todos con el moquillo humedeciéndonos la nariz y los ojos rojos, llenos de lágrimas por la emoción.

Mientras, el señor Nokio protestaba

—Estupendo, lo que nos faltaba, ¿qué pinta Mery en África? Si se desmaya con cualquier bicho que se encuentra en el jardín, y a los hechos me remito. Y ahora, ¿cómo nos comunicamos con Jambo? Esto va a ser un desastre, al final nos va a descubrir

Lentamente me acerqué a él y, con un movimiento rápido, toqué su botón de desconectado. Mientras, la parejita seguía besándose y, tras un ratito, Jambo dijo:

—Muchas gracias, no sabía cómo pedirte que te vinieras con nosotros ; digo, conmigo. En realidad, tú ya has hecho mucho por mí.

Pero a Mery no le salían las palabras tras ese bonito abrazo. Jambo se giró y nos miró con cara de circunstancias, y aunque contentos de que ella nos acompañara, sabíamos que iba a ser difícil que no se enterara de nuestro secreto, pero eso ya lo iríamos viendo en el transcurso del viaje. No podíamos demorar más la salida, por lo que nos pusimos en marcha.

Tras varias horas de viaje, aprovechando un ligero sueño que Mery se echó, discutimos el plan más apropiado para anunciar nuestra llegada a la corte real. Jambo se presentaría como príncipe y embajador de Mulambe, aprovechando la circunstancia, para dar a conocer ante el rey de los humanos la historia y costumbres de su pueblo, y así hermanar ambos países; mientras, nosotros nos pondríamos en contacto con mi familia, que residía en el mismo palacio.

Me dirigí a la garita de seguridad, donde el guardia, un calcetín grande y fornido boina verde, vigilaba atentamente y velaba por la seguridad de los míos. Traté de explicarle por todos los medios quién era y que quería hablar con la figura principal, o sea, mi señor padre, o, en su defecto, mi hermano. Aunque me costó convencerlo, al final sucumbió, harto de escuchar mi historia una y otra vez.

A lo lejos vi llegar a mi hermano, con su andar firme y seguro, y con su seriedad característica me preguntó:

—¿Qué desea? Estamos muy ocupados organizando el enlace real entre mi hermana, Lina, y su futuro esposo.

Sus grandes ojos verdes se posaron en los míos y poco a poco empecé a sentirme pequeñito.

—Píííííímpolo, ¿eres tú? ¿Qué te ha pasado? ¿Quién te ha hecho esto?

Perplejo ante mi figura, este me abrazó, mientras a mí se me saltaban las lágrimas, puesto que, desde que tengo uso de razón, Pimpolín nunca me había dado un abrazo y, la verdad, me sentía un poco raro.

Lo miré y con mi humor característico a modo de defensa le dije:

—Hola, *brother*, menudo recibimiento, la boda de Pimpolina te está ablandando. —Menuda tontería, ¿no?—. Este es mi nuevo aspecto, ¿no te gusta? Tengo una nueva vida y buenos amigos que me aceptan tal y como soy

Tres días me duró la mano marcada del guantazo que me dio, al que yo respondí con rabia e ira.

—¿Ves? Por esto precisamente me he ido de aquí, todo son reglas y normas que cumplir, todo es frialdad y disciplina, no lo soporto.

Tras el cristal de la entrada vi pasar a la prenda más bonita de todas, mi madre. Creo que no os lo he dicho, pero mi madre no es un calcetín, sino una delicada *pashmina* de alegres colores, que da el toque perfecto de alegría al palacio.

—¡Mamá, mamá!

Ella se acercó confundida, pero enseguida me reconoció y, sin hacer preguntas ni reproches, me abrazó.

No os puedo describir lo que sentí, aunque imagino que lo que siente cualquier hijo ante la ternura de su madre.

—Hijo mío, qué alegría verte, estás guapísimo. Pasa, ven a comer con nosotros.

Una vez dentro, les conté el motivo de nuestra visita, presentando a todos y cada uno de mis compañeros de viaje. Tras las presentaciones, nos acomodamos en la mesa y esperamos a que se sentaran los demás invitados, puesto que habíamos llegado el día en el que el novio de mi hermana le pedía su mano a mi padre. Fue una bonita ceremonia y supongo que la excusa perfecta para no ser el único protagonista del día, lo cual suavizó la reacción de mi padre ante mi presencia.

Al concluir la pedida, y tras el postre, Pimpolín nos llamó aparte para trazar una estrategia ante la cruel bruja. Enseguida llegó mi padre, que me saludó cortésmente y no hizo preguntas.

¡Bien, estaban dispuestos a ayudarnos!

Y es que, aunque con muchos defectos, mi familia tiene buen fondo. Sonriendo, miré a mi hermano, buscando su complicidad, pero a este le faltaban ojos para mirar a las medias.

Uy, uy, uy, aquí hay tema ¡Je, je, je!

Jambo y Mery se alojaron en palacio, invitados por sus majestades y unas simpáticas princesitas de rubios cabellos, que hacían de intermediarias entre los dos mundos paralelos. Siempre hemos confiado en los niños, puesto que, por mucho que les digan a sus padres que tienen como compañeros de juego a calcetines y demás prendas parlantes, los adultos suelen sonreír ante sus comentarios, pensando que forman parte de sus fantasías animadas. Que incrédulos, no deberían menospreciar el poder imaginativo de sus hijos, aunque para nosotros es perfecto, pues así podemos disfrutar de la compañía de estas pequeñas e incansables personitas.

Llegó el día de la boda de Lina, una emocionante ceremonia en la que bailamos y reímos. Y tras despedirnos de la parejita y de mis padres, nos dispusimos a partir. Ellos se quedaban en palacio para atender sus obligaciones.

—Tened mucho cuidado, sois lo único que tengo y por lo que lucho cada día, mi querida familia —dijo mamá entre lágrimas.

Apenado, le prometí que volveríamos pronto.

Salimos del palacio para reunirnos con Jambo. Nos vimos en el jardín y, tras un rato de charla para trazar la siguiente parte del viaje, decidimos que lo mejor sería contarle a Mery nuestro secreto, puesto que cada vez éramos más prendas las que ocupamos el bolso de Jambo.

—Muy bien. Se lo diremos en el aeropuerto, no me parece bien seguir mintiendo de esta manera —agregó el chico.

—Pero si lo hacemos por su bien —dijo el señor Nokio—. Cuando se entere, le va a dar un patatús En fin, vosotros sabréis. ¿Y quién se lo va a decir?

Todas las miradas se posaron en él.

—Ah, no, yo ya no soy su móvil, que lo haga la señorita PDA, que ahora es su amiga fiel. Por cierto, ¿por qué no les cuentas a todos lo que significan esas siglas, guapa? Pues ya os lo digo yo, que también puedo navegar en la red aunque no disponga de WhatsApp y otras tonterías modernas. No será que te llamas Pepa Díaz Alonso ; pero, claro, es mucho más chic llamarse PDA.

—Cállate, pequeñajo, que te has quedado hecho un carcamal Y no me hagas hablar, que yo estoy configurada para ser eficiente y correcta.

—Oye, doña perfecta, a ver qué pasa con el tamaño de Nokio. Te recuerdo que yo soy su funda y tenemos la misma medida.

—Perdona, Pímpolo, es este cacharro, me saca de mis coberturas.

—¡Señor Nokio, por favor! Un respeto a los mayores —increpó el teléfono.

Entre sonoras discusiones móviles, llegamos al aeropuerto y, una vez en la sala de espera, Jambo se acercó a la chica.

—Mery, ¿puedo hablar contigo un momento? Tengo algo muy importante que decirte.

—Claro que sí, guapetón. ¿Qué te pasa? No me lo digas, ¡te mareas en el avión!

—No, qué va; bueno, no lo sé, no he subido nunca, pero no va por ahí la cosa.

—¿Tienes novia en África o algo así?

—No, no, no, no, no, no tengo novia ni prometida, ni nada por el estilo.

—¡Oh, Dios, ahora caigo! En el caso de que tengas pareja, no podrás tener niños, sino renacuajos, ¿verdad? Son las secuelas de tu transformación. No pasa nada, yo te ayudaré a superarlo y

—¡¡¡Me puedes dejar hablar de una vez, por favor!!! —increpó Jambo ante tal bombardeo de preguntas—. A ver, Mery, céntrate, no es nada de eso. Verás, el señor Nokio te lo explicará todo.

—Eeeeh, ¿el señor qué?

Me desenfundé el móvil y este empezó a hablar. Pero, transcurrido el discurso, del cual Mery no había entendido absolutamente nada, volvíamos a estar como al principio.

—Pero qué chico más listo, ¿de dónde has sacado esta aplicación? La verdad, no sabía ni que existía, y mira que han sido años los que he tenido este móvil. En fin, ¿la usas para escribir algún cuento? No me habías comentado nada

—¡Que no, Mery! —dijo él—. No es ningún cuento.

—Parece que has vivido inmerso en las nuevas tecnologías, y eso que has nacido en la jungla

—¿Puedes venir un momento, por favor? —dijo Jambo, aburrido ante la frustración pertinente.

Nos metimos en un pequeño cuarto de limpieza y el chico abrió su maleta.

Dentro, perfectamente ordenado, estaba casi al completo el cajón de la ropa interior de Mery.

—¿Pero se puede saber qué haces con todas mis prendas íntimas en tu maleta? ¿No serás un pervertido? ¡Señor, no sé qué significa esto en tu tribu, pero en la mía no es augurio de una relación duradera! —Y se echó a llorar.

—Pero, Mery, ¿por qué eres tan negativa?

—¡Porque encima nos van a cobrar un pastón por facturar la maleta! ¡Con razón no encontraba nada cuando estaba haciendo el equipaje!

Seguía llorando.

No tuvimos más remedio que intervenir. Nos fuimos levantando uno a uno, saludando con nuestras pequeñas manitas, mientras Mery lloriqueaba sin parar.

De repente, paró, dio uno de sus aniquiladores gritos y, cuando todos pensábamos que se iba a desmayar, ¡sorpresa!

Se echó a reír, reía y reía a carcajada limpia, y nosotros, contagiados de tanta risa, también empezamos a reír. La verdad es que era una situación surrealista, pues no había ningún motivo para dicha felicidad, pero por lo menos soltábamos adrenalina, que falta nos hacía.

SWARKASKIA, LA BRUJA IMPOSTORA

Tras muchas horas de viaje, llegamos a un peque-ño aeropuerto, situado en el sur de África. Jambo estaba emocionado de volver a su país, aunque no sabía muy bien por dónde empezar a buscar, puesto que aquello estaba muy cambiado, según nos confesó.

Tomamos un viejo autobús, que nos llevó por un sinfín de sinuosas carreteras, hasta que llegamos a Mulambe, su pueblo. Cuando bajamos, vimos un lugar tétrico, pues estaba todo lleno de obras sin terminar. Toda la vegetación había desaparecido, siendo sustituida por frías murallas de hormigón que no concluían en nada.

—¿Qué ha pasado aquí? ¿Qué es todo esto? —preguntaba Jambo una y otra vez, sobrecogido por el espantoso paisaje. ¿Dónde están mis juncos y mis nenúfares?, ¿dónde están mis flores?

Mery trataba de calmarlo:

—¿Estás seguro de que era aquí? A lo mejor te has equivocado de lugar.

—No, Mery, sé perfectamente dónde estoy. Va-mos, seguidme, tengo que encontrar a mi familia.

Atravesamos unas callejuelas que desembocaban en una laguna. Mientras caminábamos, observábamos apenados el desastre y la injusticia que allí se había cometido, arrasando un paisaje virgen y paradisíaco como es la jungla para convertirlo en un lugar fantasmagórico de piedra y hormigón.

—Allí están, al lado del lago, ¿los veis?

Efectivamente, había una pequeña charca llena de sapos y ranas, y corrimos hacia ellos.

—Papá, mamá, ¿estáis bien? ¿Qué ha pasado aquí?

—¡Hijo mío, pensaba que no volveríamos a verte! ¡Has vuelto a ser humano! —lloraba su madre—: Me alegro mucho, hijo, de que vuelvas a ser un hombre, ahora tienes que ayudarnos.

—Ha sido gracias a Mery y mis amigos, pero eso ya os lo contaré en otro momento, ahora tenemos que encontrar a la artífice de todo esto, y creo saber quién ha sido

—¿Dónde está esa hechicera? —preguntó Jambo.

—¿Me buscabas, amigo? Cuánto tiempo sin verte. La verdad, no esperaba que regresaras tan pronto —increpó la bruja levitando sobre el lago.

—Pues te has vuelto a equivocar, Swarkaskia, primero, porque no somos amigos, y segundo, ya te dije que volvería y aquí estoy. Además, no vengo solo.

Jambo abrió la maleta y empezamos a salir más asustados que otra cosa para tratar de intimidar a la bruja.

—¡Oh, Jambo, qué detalle! Me has traído una colección completa de ropa interior, y yo te lo agradezco, pero es que no es de mi estilo…

Mery ofendida increpó:

—Dirás que no es tu talla, culo gordo. Ya te gustaría a ti tener un armario de ropa como el mío, Karkasvaskia o como te llames. Por cierto, el nombrecito te va que ni pintado.

—¡Uy, perdona que no me haya dirigido a ti, pero es que ni te había visto, nena! —le dijo la bruja con una sonrisa burlona a Mery—. ¿Tú qué opinas? ¿No ves el regalo un poco cutre para mí? No quiero ser engreída, pero por algo me llaman la reina del mal. Uy, pero qué tonta que soy. Por tu expresión, deduzco que todos estos trapitos son tuyos. No me hagas caso, es que tengo un gusto tan sublime y sofisticado Es todo monísimo, nena.

Mery estaba que explotaba, pero no sucumbió a la provocación, puesto que Jambo le había advertido durante el viaje del carácter irónico de la bruja y de su afición a sacar de quicio a la gente, por lo que decidió tranquilamente dar media vuelta y acercarse a la familia del chico, tal y como este le había aconsejado: «Ante la provocación, lo mejor es la indiferencia. Dos no pelean si uno no quiere».

La bruja, al ver que no tenían efecto en Mery sus desagradables comentarios, golpeó tres veces en el suelo con un pie y desapareció, envuelta en esa risa típica de las brujas. Sabéis a la que me refiero, ¿no? Se me ponen los hilos de punta al recordarla.

—Volveremos a vernos las caras antes de lo que te imaginas, nena —decía mientras se alejaba.

A Jambo no le gustó un pelo la amenaza y se quedó pensativo durante un momento.

Tras el desafortunado altercado con la hechicera, decidimos reunirnos todos en la charca y trazar un plan para poder desarmarla.

En ausencia del rey calcetín, el protocolo indica que debe ser la prenda más anciana de la corte la que dirija la operación; por eso, decidió acompañarnos mi querido tío abuelo don Pimpón, en la que él definiría como su última cruzada, en honor de su hermana e insigne bandera de nuestra patria.

Ya teníamos clara la estrategia a seguir, y para ello debíamos esperar a que llegara la noche, así que decidimos estar todos juntos, hablando y dando un *agradable* paseo por aquel escabroso lugar, en el que Jambo iba explicando todo lo que había antes en cada esquina.

—¡Je, je, je! ¿Te acuerdas, Nora? Aquí fue donde nos caímos al agua, empecinados en atravesar el pequeño estanque lleno de peces, dando saltitos con una sola pierna —le comentaba, riendo entre lágrimas a su prima, una pequeña ranita.

—Un momento —dije mandando callar a todos, en plan foto de enfermera de sala de espera de hospital—. ¿No escucháis algo?

—Sí, es cierto, parece que alguien está llorando —confirmaron las medias.

Los susurros nos llevaron hacia un feo trozo de hierro, que supuestamente debía sujetar algo y del que colgaba una pequeña libélula, que tenía mojadas sus alitas.

Mery la cogió con sumo cuidado y la colocó sobre su regazo, tratando de consolarla.

—¡Uy, pero qué suerte has tenido, chica! Parece que le gustan las libélulas, por lo menos no se ha desmayado —dijo el señor Nokio, al cual le cayeron cientos de miradas provenientes de todos nosotros.

—¿Cómo puedes tener la sangre fría de bromear ante esta situación? —increpó la PDA.

El señor Nokio enrojeció ante los reproches y se disculpó:

—Perdonad, solo era una forma de romper el hielo. Es que no me gusta ver a otros llorar y, cuando no sé cómo ayudar, me salen estas tonterías. Parece mentira que no me conozcáis, sabéis que soy refunfuñón, pero no es mi intención ofender a nadie.

—No te preocupes, Nokio, estamos todos muy nerviosos. Lo que tenemos que hacer es descansar y prepararnos para la noche, pero antes tenemos que ayudar a la libélula.

Esta, al verse acogida y acompañada, un poco más tranquila se durmió.

Mery, que no se enteraba de nada, puesto que no nos entendía, preguntó:

—¿Decías algo, Jambo?

—No, estoy hablando con ellos.

—Jambo, yo también quiero participar en vuestras conversaciones, me siento un poco desplazada. Sé que no es culpa de nadie el que no podamos entendernos, pero En fin, no pasa nada, yo trataré de estar más atenta a todos.

—No te preocupes, Mery —dijo Jambo.

—Es una situación extraña, ya lo sé, pero yo también pondré de mi parte. Espera, que me están diciendo algo. Rectifico. Todos pondremos de nuestra parte para estar más unidos, y aprovecho para dar las gracias a cada uno de los que estáis aquí, en mi nombre y en el de mi familia, por el apoyo y la ayuda que nos estáis prestando. Sin vosotros, nunca hubiera regresado a mi pueblo.

—¡Y yo nunca te hubiera conocido! —dijo Mery emocionada.

Y como si hubiéramos estado ante una maratón de pelar cebolla, no echamos a llorar, abrazando a Mery.

Pimpolín también estaba emocionado, pero trataba por todos los medios de que no se le escapara una lágrima. Supongo que su carácter frío y distante se debía a su gran responsabilidad en palacio, pues sería el futuro rey. Y en el fondo me siento un poco culpable de no haber sabido compartir con él la responsabilidad; quizás eso fue lo que nos distanció, aunque el tiempo que pasamos en África sirvió para unirnos.

Decidimos descansar y, cuando empezó a atardecer, nos dispusimos a atacar, pero no penséis en la violencia cuando me refiero a atacar. Más que llegar a las manos, tratamos de aniquilar a la bruja pacíficamente, pero de forma contundente. Lo más difícil fue convencer a Pimpolín de esto, pues él estaba decidido a hacer la guerra contra la hechicera y llegó a enfadarse ante nuestra decisión.

—No entiendo para qué hemos venido todo un batallón de guerreros de palacio. Nuestra misión es pelear por la patria y nunca debimos abandonar nuestro reino.

—No digas eso, Pimpolín, yo quería que vinieras para ayudarnos y protegernos de los peligros de la jungla, nadie mejor que tú para eso; además, me alegro mucho de que estemos juntos, hermano.

—Bien, Pímpolo, no podemos demorarnos más. ¡En marcha! —dijo emocionado.

Pimpolín, seguido de su ejército, se dirigió hacia el final de la laguna, donde residía el *palacio* de Swarkaskia, para controlar sus movimientos y avisarnos a través de la PDA, que los acompañaba. El señor Nokio venía con nosotros; de este modo, podríamos comunicarnos y estar al tanto de lo que acontecía en una zona y en la otra; así podríamos acercarnos sin peligro.

Pero no había rastro de la bruja, y el caso es que llevábamos rato sin saber nada de Mery, que se había quedado cuidando a la libélula y los más pequeños de la familia de Jambo. Un poco más tarde apareció y no le dimos mayor importancia.

—Jambo, creo que deberíamos ir por el otro lado del lago, ya que Pimpolín y las demás prendas están cerca de la casa de la bruja; así podemos sorprenderla sin que ella nos vea —dijo Mery.

Nos pareció una buena idea y rodeamos el angosto sendero hasta llegar a una escalofriante hendidura cónica, que escondía lo que la bruja definía como su palacio, y que para nosotros no era más que una sucia madriguera incrustada en una roca

Las medias estaban un poco desconcertadas, pues veían en Mery una extraña actitud, que achacaron a los nervios del momento; pero ellas la conocían muy bien, quizás mejor que nadie, y, guiadas por la intuición que poseen todas las prendas femeninas, trataron de averiguar un poco más sobre su comportamiento.

—¿Cómo está la libélula? ¿Se ha quedado más tranquila? —preguntaron.

—¿De qué libélula me habláis? Yo estaba con los apestosos sapos, qué tonterías decís.

Las medias lo tenían más que claro. Aquella no era Mery, pues ella no hablaba con prepotencia ni desfachatez; además, no sabía nada de la libélula, porque estaba escondida en un neceser que habíamos adecuado para que pudiera descansar y no la había visto.

Desconcertadas, y sin saber muy bien cómo actuar, las hermanas tuvieron una idea:

—Jambo, creo que nos hemos hecho otra carrera, ¿puedes ayudarnos? Necesitamos un poco de resina para que no siga corriendo.

—¡Qué oportunas! ¿Tiene que ser ahora? Estamos a punto de entrar en la cueva —inquirió la impostora.

—Pues sí, tiene que ser ahora. Tú sigue avanzando paralela al lago, a ver si alcanzas a los demás.

—No. Yo me quedo aquí con vosotras, que siga Jambo; y a mí no me deis órdenes, sé perfectamente lo que tengo que hacer —añadió.

Jambo se dio cuenta enseguida de lo que estaba pasando y les guiñó un ojo.

—Tranquilas, yo os ayudo.

—Mery, por favor, sigue adelante y haz gala de tu gran sentido de la orientación. La verdad es que yo estoy un poco perdido en estos momentos, y no sé ni por dónde seguir. ¿Te parece bien? Por cierto, ¿sabes nadar?

—¿A qué viene esa pregunta? No soporto el agua, solo de pensar en caer al lago se me ponen los pelos de punta, pero eso ahora no tiene mayor importancia, así que os quiero en diez minutos en la puerta de palacio.

El comentario acabó de delatarla, pues todos sabíamos que Mery tiene muchas virtudes, pero en lo relacionado con la orientación ha sido siempre un desastre. Es capaz de perderse en su propia casa y ella es la primera en reconocerlo, así que ¿qué estaba pasando allí? Y lo más importante, ¿dónde estaban los pequeños? Solo conocíamos a alguien tan maléfico, capaz de hacerse pasar por otra persona, para conseguir su objetivo. Lo adivináis, ¿verdad? La bruja. Pretendía guiarnos hacia su trampa.

(1 a 0: gana ella)

Y aunque se creía muy lista, nosotros ya teníamos ventaja, la habíamos descubierto a tiempo y sabíamos su punto débil, el agua. Pero por el momento íbamos a dejarla creer que nos estaba engañando.

(1 a 1: empate)

Tratamos de ponernos en contacto con el otro grupo a través de los móviles, pero estábamos tan adentrados en el lago que no había cobertura (error nuestro), pues eso era justamente lo que pretendía, que no tuviéramos comunicación.

(2 a 1: gana la bruja)

Tuvimos que improvisar un nuevo plan de emergencia. Lo más importante era, por un lado, localizar al grupo y ponerlo en alerta sobre los despropósitos de Swarkaskia, y, por otro, dar con el paradero de Mery y los peques.

¡Seguimos!

LA BATALLA FINAL

Todos sabíamos lo que la bruja había preparado para derrotarnos: hacerse pasar por Mery y utilizar nuestra confianza para guiarnos a su palacio y, una vez allí, convertirnos en sapos y ranas, o incluso algo peor; pero la amistad que unía a las medias con la chica delató a la hechicera, pues ellas enseguida se dieron cuenta de que algo no iba bien. Por suerte para nosotros, Swarkaskia no sabía nada de eso, pues no podía comprender el significado de la palabra *amistad*.

(2 a 2: empate)

La verdad es que no sabíamos por dónde empezar a buscar a Mery y a los pequeños, así que nos dividimos. Unos fueron hacia la charca, otros hacia el lago y otros seguimos el camino de la roca, donde residía la bruja. El señor Nokio y yo decidimos avanzar separados del grupo, así iríamos más rápido.

Llegamos al palacio por la parte posterior y, cuando nos disponíamos a entrar, escuchamos un aterrador grito que salía de una de las escotillas, dispuestas a ras del suelo. Sin duda era Mery. Conocía perfectamente aquella voz.

Estaban encerrados en una húmeda mazmorra. Ella trataba de decirle a la libélula que volara en busca de ayuda, pero, por más que lo intentaba, no había medios de que la entendiera. Frustrada, se echó a llorar y al poco se durmió. De repente, entró la bruja y con un movimiento de varita se dirigió a la chica, que entre ráfagas de humo fue cambiando de aspecto y, al verse más pequeña ante los anfibios, se asustó.

—¡Buen provecho, chicos! ¡Adiós, nena! —dijo Swarkaskia envuelta en su maléfica risa.

—¿Qué hacéis? ¿Por qué me miráis así? Haced el favor de no sacar más la lengua —dijo Mery, desconcertada por la diferencia de tamaños.

—Perdona, pero es que estamos hambrientos —dijo uno de los sapitos.

Aunque todavía no sabía lo que había pasado, se dio cuenta de una gran ventaja: por fin podía comunicarse con ellos. Dio un salto para ponerse a salvo de las largas y pegajosas lenguas de sus compañeros de celda y desde el filo de la ventana les habló:

—Chicos, tenemos que ser fuertes y estar unidos. No sé por qué me da la sensación de que me miráis con gula.

Se acercó a la ventana para ver dónde estaba y, al ver su reflejo en el cristal, se le escapó un estridente grito.

—¡Soy un grillooo!

(3 a 2: gana la bruja)

Las lágrimas le corrían por la dura piel, pero tenía que ser valiente, estaba a cargo de los pequeños y no podía bajar la guardia.

Se dirigió a la libélula y le explicó el plan:

—Tú eres la única que puede ayudarnos. Sal por la rendija y busca a Jambo, dile dónde estamos. Él sabrá qué hacer.

Mientras todo esto ocurría, traté de asomarme a la ventana ayudado por el señor Nokio, que me sujetaba los pies. Desde fuera, vi al grupo de sapitos tratando de zamparse un grillo, pero no había ni rastro de Mery.

—Chicos, ¿estáis bien? ¿Dónde está Mery?

—Pímpolo, estoy aquí, soy yo.

—¡Aaah, Mery, eres un grilloooo!

—Ya lo sé, no hace falta que me lo recuerdes. ¿Crees que algún día volveré a tener piernas? No sé qué hacer con estas alas tan largas, Pímpolo. Ayúdame, por favor —susurró llorando.

—Claro que sí, ya verás como todo sale bien. Ahora tienes que ser fuerte y tranquilizarte. ¿Has dicho que tienes alas?

—¡Sííí, es cierto, tengo alas! ¡Puedo volar!

—Ten cuidado, practica un poco antes de hacerlo o te vas a estampar. Ahora no sé con certeza si eres un grillo o un saltamontes.

—¿Quéé? —dijo Mery aterrada mientras daba saltos y trataba de levitar.

—Nada, Mery, tú céntrate y trata de salir. Nokio se quedará al cuidado de los chicos, aquí sí tiene cobertura.

—¿Qué? ¿Y qué hago con ellos? Yo no soy Mary Poppins.

—Pon alguna melodía, a ver si se duermen.

—Lo que hay que hacer en esta vida por los amigos.

Mientras yo trataba de convencer a Nokio, Mery salió por la ventana practicando acrobacias y a mitad del camino se encontró con Jambo y los demás. Pero, como no podía ser de otra forma, este no la reconoció. Fue la libélula la que se paró frente a ella y Mery, avergonzada, saludó a su novio, que ni tan siquiera la vio.

—Ahora no podemos pararnos a comer, pequeña. Vamos a buscar a Mery y los sapos.

Y siguió caminando. Cuando vio que el insecto no le seguía, se volvió y dijo:

—Tienes hambre, ¿verdad? Bien, toma este grillo, te servirá de aperitivo.

Y lo agarró por las patas delanteras para dárselo a la libélula, pero esta se tapó la boca con sus patitas.

—¡Noooooo! —se escuchó a lo lejos.

Mery se había desmayado.

—¡Pímpolo, qué alegría! ¿Sabes algo de los chicos?

—No le hagas daño, es Mery. La bruja la ha transformado en un grillo.

—¡Mery, Mery!, ¿cómo ha podido ocurrir esto?

A Jambo le cambió la expresión.

Puedo decir que se le hinchó la vena del cuello, cogió barro, se pintó la cara, pronunció unas palabras que no entendí y concluyó:

—Se ha terminado la guerra pacífica, ¡a luchar!

(3 a 3: empatadísimos)

—Mi querida amiga, no te preocupes, estás a salvo. Te prometo que todo saldrá bien. —Y la guardó, con suavidad, dentro del neceser, en el que había descansado la libélula—. Nos vamos en busca de Pimpolín.

Mery despertó:

—Jambo, por favor, ten cuidado con la bruja. Mira lo que me ha hecho. No entres en su juego, ¿recuerdas? No te pongas a su altura, son las palabras que tú mismo me dijiste. Tiene que haber alguna forma coherente de derrotarla. Habla con tus padres, tratad de encontrar su punto débil. Ellos lo sabrán.

Jambo se quedó pensativo y finalmente sonrió.

—No hace falta, Mery, creo que ya sabemos cuál es —dijo mirando a las medias, mientras estas también sonreían.

—El agua —dijeron al unísono.

(3 a 4: golazo)

Cuando le contamos a Pimpolín lo que había ocurrido con Mery, se enfadó muchísimo y sacó la artillería.

Mi tío don Pimpón fue el auténtico héroe de esta historia, y quedará grabado en nuestra memoria para siempre.

¿Queréis saber cómo fue la batalla?

Bien, estoy ansioso por narrar la historia de cómo derrotamos al ser más maléfico que he conocido nunca, y perdonad si cometo algún error, pero es que me emociono al recordarlo.

Rodeamos la cueva, dejando una distancia sobre el agua del lago. Llamamos a la hechicera para que se acercara a hablar con nosotros y ver si de esa forma podíamos solucionar el problema. Solo queríamos que nos explicara lo que pasaba y por qué quería seguir saqueando aquel idílico lugar.

Como primer plan es perfecto, chicos, siempre hay un motivo ante el comportamiento de las personas, ya sea bueno o malo, y lo mejor es el diálogo, pero sabíamos que, en este caso, las cosas no iban a ser tan fáciles; es lo que tiene luchar contra una bruja. Se hizo derogar la muy tardona, pero al final cayó en la trampa.

Pimpolín y los demás guerreros estaban agazapados detrás de los pocos matojos que quedaban, donde habían fabricado una especie de tirachinas gigante. Jambo hablaba con ella para entretenerla mientras los demás ocupábamos nuestras posiciones. Don Pimpón se aferraba con fuerzas a la polea, dispuesto a dar su vida para hacer desaparecer a la fuente del mal. Eran ya muchos los zurcidos en su talón e insoportable el olor que desprendía después de tantos años de servicio a su pueblo, y eso, para un calcetín de su talla, era una deshonra, así que, decidido, se despidió de todos nosotros y dio la orden para su lanzamiento.

—¡Swarkaskiaaaaa! —dijo mientras salía disparado, empapado en agua, mezclado con la apestosa brisa que desprendía.

—¡Guuuuuuaaaa! —fue el grito de este, volando por los aires en dirección a la bruja. Como una diana, acertó en toda la jeta.

—¡Bien, bien, bien! —gritábamos entusiasmados al ver que la bruja se tambaleaba de un lado para el otro.

Cayó al agua y, tratando de desprenderse del calcetín, soltaba improperios por su boca.

(3 a 5: córner)

Mientras, Mery en la charca era incapaz de quedarse tranquila en la bolsa de aseo, por lo que decidió salir y buscar a sus compañeros.

Se empeñó en averiguar para qué servían los pelillos que rodeaban sus patas y, como no les veía ninguna función, a punto estuvo de depilarlos hasta que en un movimiento involuntario escuchó una melodía.

—¿Hay alguien ahí? —preguntó, sin obtener respuesta.

Volvió a rozar una patita con la otra y, orgullosa, descubrió que la música provenía de su cuerpecito.

Siguió moviendo sus extremidades, hasta que se dio cuenta de que habían acudido a su llamada cientos de grillos, que la miraban de una forma un poco rara. Ella disimuló.

—¡Je, je! Hola, ¿qué tal? Hace un buen día, ¿verdad? Aunque parece que va a llover Bueno, chicos, yo me iba ya, ha sido un accidente lo de la musiquita, no sabía muy bien para qué servían los pelillos de las patas, pero ya sí lo sé, ¡je, je! Para echarse un noviete

—¿Has terminado ya con el discurso? —increpó uno de los grillos—. Mira, novata, no es por desmontarte el *show*, pero no hemos venido a verte a ti. Por cierto, te aconsejo que mejores la acústica, porque no te vas a comer un rosco. En fin, hemos venido por el jaleo que hay en el lago. Unos extranjeros están luchando contra Swarkaskia y queremos estar presentes en el momento de su derrota. Es más, estamos dispuestos a unirnos para echarles una mano, todo sea para vencer a la bruja.

—¡Sí, sí! Es Jambo, miiii , ejem, él es el que está luchando contra esa malvada. Pero no perdamos más el tiempo en discusiones. ¡Vamos para allá!

Viajaron todos juntos hasta llegar al lago, donde entusiasmados divisaron a la bruja a punto de caer al agua. Pero la alegría duró poco, ya que con una fuerza descomunal la hechicera se incorporó, despojándose del calcetín, que como una ventosa se había aferrado a su piel. Lo lanzó con toda su furia y salió volando tan lejos que no alcanzamos a ver dónde cayó.

(4 a 5, SOS)

La situación nos dejó tan tocados que nos sentíamos impotentes ante la lucha. Pimpolín, acostumbrado a verse ante estas circunstancias, supo actuar hablando con nosotros para hacernos ver que en nuestras manos estaba la oportunidad de acabar con ella, pero era demasiado tarde. Nuestra vulnerabilidad frente a la hechicera era evidente. Ella supo aprovecharse de ello.

(5 a 5: tiempo añadido)

En un movimiento rápido de varita elevó a Jambo y se lo llevó. Todos nos quedamos mirando con la boca abierta. Pero Pimpolín en ese momento reaccionó:

—Síguela y averigua dónde lo esconderá.

—Vuelve rápidamente al campamento, allí nos veremos todos —le dijo a la libélula.

Nos disponíamos a partir siguiendo las órdenes del guerrero, cuando aparecieron unos soldados con don Pimpón, que, debatiéndose entre la vida y la muerte, sonreía. Sabía que no había podido ganar la batalla, pero se sentía orgulloso de haber puesto su granito de arena.

—Descansa, querido tío, tu actuación ha sido magistral.

Lo despedimos cuadrándonos todos frente a él, saludándolo por última vez como un general se merece. Pero teníamos que seguir adelante, es lo que él hubiera querido, y en su honor nos pusimos en marcha. Una vez en el campamento y tras el regreso del insecto volador, Pimpolín nos habló:

—Necesitamos estar más unidos que nunca y sobre todo necesitamos más guerreros. Ranas y sapos, dirigíos al lago y tratad de reclutar a todos los anfibios que podáis. Libélula, haz lo mismo con todos los insectos y animales voladores que encuentres en tu camino. Nokio, PDA, buscad algún programa con radar, lo vamos a necesitar, y tratad de no perder cobertura; si la perdéis, no sigáis avanzando. Prendas y soldados, seguidme.

—¿Y qué hacemos nosotros? —dijo Mery acercándose, seguida de un ejército de grillos.

—Bien, Mery, no esperaba menos de ti.

—Vamos, chicos. ¡Adelanteeee!

Nunca me había sentido tan orgulloso de mi hermano, quizás nunca había apreciado su arrojo y valentía; aunque él siempre era así, seguramente no había querido verlo.

Mientras caminábamos en fila, tarareamos una cancioncilla:

¡Todos unidos vamos a ganar
a la bruja infame de este lugar!
No nos rindamos, tenemos que luchar.
¡Victoria, victoria y nada más!

La verdad es que se me ponen los hilos de punta al recordar la canción. Éramos tantos que aquel eco resonaba como un trueno en plena tormenta. ¡Nos sentíamos tan poderosos! Estoy seguro de que eso fue lo que hizo perder los nervios a Swarkaskia.

Y si algo he aprendido de todo esto, sin duda, es que la unión y solo la unión hace la fuerza y es lo único que puede ayudarnos a conseguir el triunfo en lo que nos propongamos. La violencia es para los violentos, personas que no saben afrontar sus problemas de otra forma, siendo incapaces de utilizar el poder de su mente para salir victoriosos. Es un sentimiento tan fuerte el que se tiene cuando se lucha de forma unida por algo justo, que podría decir que es mágico y da la fuerza suficiente para poder con todo.

(5 a 6: remontada)

Continuamos avanzando hacia el palacio, donde la hechicera tenía encerrado a Jambo, justo en el mismo lugar donde estuvieron Mery y los sapitos.

Mientras seguíamos cantando veíamos a través de la ventana como nuestro plan iba funcionando a la perfección y la bruja pasaba de la crispación a la desesperación, Jambo dialogaba con ella.

(5 a 7: goleada)

De repente, se asomó a la balconada del edificio y nos habló como un dictador habla a las masas. Tuvo la desfachatez de amenazarnos con infames promesas de conjuros hacia nosotros y nuestras familias si no parábamos todo aquello y la dejábamos actuar a su antojo. Algunos empezaron a venirse abajo y asustados se iban escondiendo. Otros asentían con la cabeza demostrando su conformidad.

(6 a 7: nos alcanza)

A otros todas aquellas palabras nos iban llenando de rabia y nos hacían sentir aún con más fuerza para la batalla. De repente, Jambo arremetió desde atrás y pudo hacerse con la varita, que rompió en pedazos. Desconcertada, la bruja nos dio la espalda. Era el momento de la venganza. Los grillos avanzaban veloces como una nube y lograron inmovilizarla, mientras las arañas tejían a toda velocidad una tela que la rodeaba y la dejaba inmóvil.

(6 a 8: penalti)

Al romper la varita, en un destello gigante, empezaron a tomar forma humana todos los sapos, ranas y demás animales, que, entumecidos tras tanto tiempo agazapados, iban haciéndose con la jungla.

Contentos veíamos como todo empezaba a resplandecer e iban desapareciendo muros y murallas, para dar paso a verdes y frondosas charcas, a orillas de un caudaloso río, rodeado de toda su fauna y vegetación.

Pero había alguien que no estaba tan contento con el cambio, Swarkaskia, que desapareció entre el humo y las luces. Lo último que pudimos ver es que huía reptando río arriba, convertida en una asquerosa serpiente.

(6 a 9: campeones, campeones, ¡oé, oé, oé!)

No volveríamos a verla más, o por lo menos eso esperábamos. Por fin, aquel lugar volvía a ser de todos. No podíamos creer lo que estaba pasando, todo empezaba a ser como antes, era espectacular el juego de colores que se divisaba en el horizonte.

Mery dio un salto y se aferró a Jambo, se abrazaron llorando mientras admiraban lo que con esfuerzo y entrega habían conseguido. Ambos sonreían entre lágrimas y hablaban de lo acontecido.

—Mira, mis padres. Ven, que te los presento de nuevo —dijo él, abriendo los ojos como platos.

Mery no sabía dónde mirar.

—¡Tus padres van desnudos! ¡No me habías dicho nada de esto!

—¿Sois nudistas? ¡Qué vergüenza!

—Mery, no empecemos a desvariar y mira cómo vas tú.

—¡Aaaaaaaah! Menuda forma de conocerlos, todo me pasa a mí.

Bueno, ya conocéis a la chica, ¿no? No pasó a mayores la cosa, se taparon como pudieron y acabaron encantados, entre risas, de verse así. Se dirigieron a Mulambe, donde organizaron una gran fiesta para celebrar la victoria y dar las gracias a todos por el esfuerzo ante la bruja. Cintia alucinaba ante los acontecimientos. En un momento del cóctel abordó a Mery para que le contara lo que había pasado realmente, pues no le convencía la explicación oficial.

—¿De dónde has sacado a este chico tan guapo? La verdad es que me suena muchísimo su cara, mejor dicho, sus ojos, pero no termino de ubicarlo.

Mery sonrió.

—Recuerdas lo que me contaste de los sapos, que si un beso, que si un príncipe Pues eso, guapa, muchas gracias, porque sin ti nunca lo hubiera conocido.

—¿Cómo? ¿Qué? ¿Quééé? ¡Yo también quiero uno!

Y, como poseída, empezó a seguir a todos los sapos que asistían a la fiesta, tratando de besarlos desesperadamente.

—Hija, por favor, ¿qué haces? Ya sabes que no te sienta muy bien el cava —decían sus padres, abrumados por la situación.

Jambo y Mery se reían al contemplarla.

—Déjala que se divierta un ratito, a veces es tan perfecta que llega a irritarme. Nunca la he visto perder así los papeles, siempre soy yo la que armo este tipo de jaleos, ¡je, je! Se lo debo.

—Mery, qué mala eres, no te pases con tu hermana. Cintia, ¿puedes dejar ese camaleón en su sitio, por favor? Quiero presentarte a mi primo Marcus.

Apareció un apuesto chico, que saludó a la joven, y esta, sonrojada, se tranquilizó.

—Perdonadme, no sé qué me ha ocurrido, ¡je, je! —dijo mirando sorprendida a su hermana, que de forma cómplice le guiñó un ojo.

El señor Nokio y la PDA charlaban tranquilamente sentados en una mesa con Pimpolín y las medias, que sonreían viendo el espectáculo.

—A estos humanos no hay quien los entienda Qué forma más tonta de hacer el ridículo para conocerse, con lo fácil que es dialogar.

—Esto No tienes novia, ¿verdad, cachitas? —preguntaron las medias coqueteando con el fornido calcetín, que sonrojado negaba con la cabeza.

¡Aquí sigue habiendo tomate!

La tranquilidad y la prosperidad habían vuelto a aquel pequeño lugar, donde se respiraba, al fin, un ambiente tranquilo y sereno, y en el que Jambo y Mery, por petición de sus padres, habían tomado el mando y la corona. Ahora eran los reyes de Mulambe y juntos protegerían a su pueblo y, quién sabe, quizás algún día podrían llegar a ser una bonita pareja, o no, eso lo decide el destino. En fin, lo que sí saben es que siempre serán amigos.

FIN